AF619982

Ali di un libro

Maria Luigia D'Aiello

COLLANA IRDA

Lulu Press
3101 Hillsborough St.
Raleigh, NC 27607 | U.S.A.

ISBN : 978-1-291-79526-4
Info: www.irdaedizioni.it

Ordini:
www.amazon.com
www.amazon.it
www.lulu.com

Copertina: realizzata da Cristian Verdesca
Direttore editoriale: Francesco Luca Santo

A mia madre che mi ha rafforzata
che mi ha sempre sostenuta
anche in silenzio ma che mi ha fatto
maturare con il suo carattere forte

Biografia

Maria Luigia D'aiello è nata nel Dicembre del 1963. Sposata e madre di due figli che sono la sua vita. Lavora come O.S.S.. Ama scrivere per passione.

PREFAZIONE

La raccolta di poesie di Maria Luigia D'Aiello può essere definita un lungo cammino verso la ricerca di uno stile diverso, di un qualcosa che non vuole e non deve sposarsi con gli schemi poetici stabiliti, prestabiliti, fatti e rifatti. “Ali di un libro” è una rosa che si spoglia, poesia dopo poesia, di ogni suo petalo. E' un giardino fervido, vivo dove l'amore cresce di pari passo al tempo d'azione della poetica. Così ne vengono fuori immagini uniche, allitterazioni straordinarie che si fondono parola per parola col pensiero, l'audacia, l'innovazione dell'autrice. Maria Luigia non parla solo d'amore, o meglio l'amore parla per l'amore in un intersecarsi di tematiche ora più morbide ora più dure, con una visione unica del circostante che diviene lirica e verbo per poi essere linguaggio.
Un libro dai sapori agrodolci che si fa leggere d'un fiato ed emozione!

Na tazzulella e cafè

Come ogni mattina
na tazza e cafè
e la giornata comincia bene

Il profumo vaga per casa
entra su per le nari
arrivando al cervello
e tu poi diventi pazzo di piacere

Il sole brilla ma coce forte
la strada si riempie di bambini e donne

"Forza su che è tardi, andiamo andiamo!"
E dalla finestra osservo il mondo
e in mano la tazza bollente
emana un profumo zuccherino

E' di norma ogni mattina
fare il caffè
forte gustoso e delicato
ma soprattutto molto dolce

Libera scelta

Fluttuo su una nuvola
profumata di zenzero
Mi lascio travolgere
da questo silenzio
che confonde che ascolta
I fremiti di un cielo
che illumina le calde
sere di un'estate
che come Venere sale
per scoprire gli occhi
di uomini di pietra
Sussurrano le cicale canterine
in un folto prato
tra fiori e foglie secche
e m'illumino al pensiero
di spiegare le ali
e volare tra immensi panorami
...ma immobile resto
in questa nebbia di cemento

Candore inanimato

Pallida ebbrezza
rimuove candore
da questa bianca pelle
che vita nega
e mi fermo a pensare
di volare lontano e in alto
lasciarmi trasportare
come una nuvola
che vento forza le catene...
I miei occhi spenti ormai
piccola lacrima scivola
sulle gote oggi
inaridite dal tempo

Riflesso

Mi rifletto nell'immagine
capovolta di me stessa
ricoprendo il corpo inerme
di lenzuola e coperte di Cantù
Da questo sogno sono avvolta
ma al risveglio non lo sarò più
Ci provo ad amarmi ma prima o poi
il peggio diverrà digiuno
La vetrina resta a guardare
le mie forme generose
tanto amate tanto intense
Come un fiore di bambù
sola tra riccioli verdi
provo a sciogliermi
...fiducia arranca
sfido i muri smuovo gli argini
ma dentro me vita
rinasce nell'immaginazione

Ordine disordine

Di donna è il tuo corpo
ben fatto curato
Occhi penetranti
di tristezza assoluta
Implori preghiere evolute
Dei capelli sciolti
ne fai un vanto
e di un nero lucido
ricopri la testa
Di seta vesti la pelle
bei disegni che di storia gridano
(sole e allegria)
porti amore e portamento hai studiato
fino a che notte non fu
e martoriato il tuo corpo
ora grida vendetta
ed i tuoi occhi non sorridono più
Nemmeno lacrime conservi
di donna il tuo corpo...era

Verdi prati

I colori della speranza
sperperi in lungo e in largo
come un soffice lago
di schiuma colorata...

Il verde di speranza rinasce
in tavolozza dipinta
che profumo emana
e rigogliosa cresce...

Il giallo del sole scalda e brucia
come l'amore appena nato
come il grano che ondeggia nei campi
il vento lo accarezza dolcemente
smuovendo ad una ad una
spiga dopo spiga...

Nostalgico paesaggio
che agli occhi l'immagine imprime
cerca di ricordare
una fanciullezza ormai perduta...

Forme di un astratto

Equilibri persi all'orizzonte
forme sbiadite luccichii inutili
Se dormi sogni angeli tondi
con ali quadrate e inutili disguidi
di parole mai ascoltate
Torni al mondo ferito
pugnalato in cuore da inutili moine
Ritmo distratto puntiforme inesistente
Odio il male che porta alla morte!
Dopo l'azzurro... un nero sbiadito
di inutile fantasia...

Magica notte

Era notte sai amore
splendeva in cielo
una luna chiara
illuminava come
non mai la strada...

Sai amore
guardavo il fiume incantata
era calmo e luccicante
sembrava oro
dal colore giallo intenso...

Sai amore
mentre salivo le scale
tenendoti la mano pensavo...
che magica notte!

Sai amore
non sentivo
neanche freddo
le tue mani scaldavano le mie
ed il tuo abbraccio
ricorderò sempre
su quell'angolo di castello magico....

Vecchio lampione

Legato a mille fili che mi
sorreggono per non cadere
mi danno tensione energia
e guardo il mondo da quassù
fermo ed impassibile
di giorno di notte
in tutte le stagioni
e vecchio mai sarò
Generazioni passeranno
qui per questa luce
ed uccellini svolazzeranno
sopra i cieli aerei
mi faranno un po' tremare
ma fermo rimarrò
a godere del mondo che passa
e mai si arresta ad ammirarmi

Dolce amore

Carezze pesanti sul mio viso
sciogli i capelli bella bimba
saziami del tuo odore
lego le tue mani
prendimi dentro te...

Il silenzio ad occhi aperti
nuvole volano veloci
i miei occhi spalancati
per fiducia data
amore esterno tra le cosce...

Lurida piega dolorosa
lesa la mia realtà
furiosa è l'alba
vita mia!

Fiori di pesco

Fiori di pesco
nel giardino incantato
ritornan a fiorir
nell'anima mia

"abbracciami amor"
stringimi al petto
che più forte sarò

"amami amor"
e germogliare vedrò
i giorni nostri incantati

benedici per sempre
questa unione di forza
che fin dentro al cuor
e all'anima mia
custodire in eterno saprò

Vola

Sai cosa penso?
Che mi stai soffocando
e sai che di amore ho bisogno
Vivo per amarti
e tu del tuo amore mi riempi...

Posso volare salire lassù fino al cielo?
Di certo so che se
arrivassi al sole brucerei
e allora tienimi non lasciarmi fuggire
ma non stringere troppo
sono debole e fragile...

Mi fai respirare?
Solo un po'
giusto il tempo di vedere
di capire di osservare il mondo....
ma poi sai che senza amarti non vivo....

Mesi

Con Gennaio freddo intenso
qualche fiocco e tanto gelo
rannicchiati davanti
a un bel camino
a scaldar anima e corpo...

Febbraio birichino
colori e sollazzi
frittole e grassi
e tanto divertir
dame e cavalieri
sfilano a Venezia
tornano i casanova
e i baci volan
con le colombe...

arriva Marzo e forse Pasqua
con l'aiuto del Signore
la famiglia si ritrova
con rondinelle e fiori
nei campi
e l'angelo benedetto
tanto amore e felicità...

si dice al mio paese
"Aprile dolce dormire"
la primavera rimbambisce
con il suo caldo freddo
passeggiate pomeridiane
e tante belle panciottine
aspettano il nono mese...

Maggio arriva con le rose
e la Madonna a venerare
sagre e feste per lodare
e chi crede torna in patria
e tra le preghiere ci si ricorda
di chi è perduto
e non tornerà...

Giugno il grano è pronto
cappotti e giacche
ormai stipati
le minigonne si accorciano
gambe in aria e gioia
negli occhi "sani"
tra colori e profumi tanti
amori sbocceranno...

Luglio e Agosto
al mare a tempo pieno
la pelle si abbronza
i sensi si accendono
"la sabbia brucia"
aspettiamo la sera
ma il tramonto è traditore
inganno per l'amore
e per gli innamorati...

Settembre l'uva a maturare
i colori cambiano
in giallo arancione e marrone
l'estate finisce...

Ottobre si vendemmia
cachi noci e mandorle
fan da passatempo
e tra un filare e l'altro
si va l'uva a pigiar
un bicchier di vino
per brindare
tra canzoni e balli...

a Novembre il pensiero va'
ai nostri cari ormai perduti
si affolla il cimitero
di parenti ormai distrutti....

ma Dicembre arriva ancor
la magia del Natale
le feste ricominciano
e tutti in allegria
il presepe e l'albero
son pronti
ed i bimbi in frenesia
aspettando l'anno nuovo

Morbidosamente

Distesa sul morbido
giaccio senza pensieri
l'aria frizzante mi solletica
i piedi scalzi
rimembro giorni felici
gioiosi di un'età ormai lontana
quando gli abbracci erano morbidi
ed i baci senza possesso
il mio corpo ben nutrito
senza segni senza tempo
di un trucco sbiadito
non v'è traccia né colore
ancora mi immergo dentro il morbido
per ricordare i bei momenti
e perle di saggezza vado ad incastonare
dentro a un filo che non si spezza
perché memorie non sostiene
e mi adagio nel cullarmi
a tener duro nei pensieri
a parlar d'amore in ogni dove
inventare non si deve
e la strada ormai è a metà
risalire poi dobbiamo ed
infine ridiscendere per poi rituffarsi nel
morbido di una piuma svolazzante

Vita da cani

Vago solitario tra la folla che acclama
sono piccolo e fragile tutto ossa
non chiedo ori né denari
sono un cane non potrei non so spendere
mi avvicino elemosino carezze cortesie
ringrazio a modo mio
sono sporco brutto e puzzo
forse un piccolo bastardino
ma son caruccio e tanto buono
i bambini mi guardano con occhi di paura
ma io non mordo sono tanto coccolone
la colpa mia non è ma dei grandi
che non sanno più l'amor cos'è
occhi stanchi ossa rotte
mi allontano e cerco riparo
la notte è lunga nessuno mi vuole
vago ancora senza meta
incontrerò un altro cane
e insieme vagheremo per la città

Come alba

Magica la notte
stupida l'alba
che ci sveglia
e ci rimprovera

Ali di un libro

Come pagine di un libro
come ali di farfalla
vola libera nell'aria
paragonando
l'essenza all'essenziale
si libera nel cielo
intonando una canzone
motivando angherie
sostituendo il male fatto
ritorno io giudice di me stesso
ridendo serioso
mi avvolgo di sistemi
che burocraticamente
mi stanno stretti
fluttuo nel cielo
dalle inutili fantasie
che dentro di me
si fan capanna
si dice:
"due cuori e una capanna"
chi lo disse non soddisfa
come pagine ingiallite
ripercorro angoli vergini
ove lette e strappate
furono le pagine
ripercorro quelle strade
per ricollocare questo libro
che mai sbiadisce e mai invecchia

Magica natura

Dolce musa
che in ogni dove incanti
nasci dalla vita
che inerme sale
sottile e forte
t'innalzi fiera
e sinuosa sveli
le tue bellezze...
dalla terra prendi l'acqua
ed assapori ogni linfa
palpiti e brami nel crescere
rinverdisci e poi ingiallisci
ma mai ti spezzi

Maestro

Cresce in me
la voglia di conoscerti
di sentire recitate
parole sconosciute
che come una magia
arriveranno al cuore
fragili tormenti e pene d'amore
guarderò la tua bocca
mentre fiori verranno
proiettati nell'immenso
ed il cuore gioirà
ed il corpo s'inchinerà
e gli occhi miei si
bagneranno di lacrime gioiose
"udite udite"
menestrello che vaga per i vicoli
cantando stornelli
arriva arriva
"il maestro"
è pronto oramai
seduti in attesa
siamo pronti per udire

Vita inerme

Piangi vita
inerme in un letto
bianco soffice
nell'aria odore di cloro
igienizza forbici
fredda la stanza
che calda vuol essere
il sole non vedo
ma calore ne sento
ormai qui giaccio
e ricordi rincorro
pensieri presenze voci
tornan a trovarmi le paure
mi soffocan il buio e la notte
ombre mi guardano
soffi sul viso e continuo
a piangere su questo corpo
che mio più non è
aspetto senza movimento
l'attesa perdura in quest'angolo
preso in affitto per un tempo
ormai breve e morte rincorre
l'anima mia che torbida e scura
nelle nebbie scompare

Pace

In questo mondo
dove pace non c'è
dove tutto è finto
dove pace mista
a guerra inganna
in una favola
distrutta dall'odio
chiedo e richiedo
cosa non va
le domande si alternano
a risposte mai date
nessuno parla muti
orecchie non sentono
le perle di saggezza
muoiono con i vecchi
combattenti di un'ultima
generazione non più
considerata triste ed inutile
fieno profumato fango putrido
pace e bene fratelli
di un Italia distrutta
signori e plebei
in un enorme parco
finto e scivoloso
ingannatrice strega
la magia di una candela
finita in un rovo di spine
magica Roma fratelli d'Italia
s'è desta e distrutta
da etiche nulle da poveri ricchi
cuori e sorrisi inganno
d'amore la povera gente

Finito di stampare
Nel mese di marzo 2014

Lulu Press
3101 Hillsborough St.
Raleigh, NC 27607 | U.S.A.

www.ingramcontent.com/pod-product-compliance
Ingram Content Group UK Ltd.
Pitfield, Milton Keynes, MK11 3LW, UK
UKHW020228250726
13967UKWH00001B/243